AF357869

Vente du Samedi 11 Décembre 1869

OBJETS DE LA CHINE

ET DU JAPON

Emaux cloisonnés, Jades et Matières précieuses

Bronzes, Porcelaines

Laques, Armes, Fourrures, etc.

EXPOSITION PUBLIQUE

LE VENDREDI 10 DÉCEMBRE 1869

Mᵉ EUGÈNE ESCRIBE | MM. DHIOS ET GEORGE

COMMISSAIRE-PRISEUR | EXPERTS

PARIS — 1869

RENOU ET MAULDE

IMPRIMEURS DE LA COMPAGNIE DES COMMISSAIRES-PRISEURS

Rue de Rivoli, 144

CATALOGUE

D'UNE INTÉRESSANTE RÉUNION

D'OBJETS DE LA CHINE

ET DU JAPON

Émaux cloisonnés. — **Bronzes** : Brûle-Parfums, Vases de toutes formes, Gourdes, Cassolettes, Théières, Bols, etc. — **Porcelaines.** — **Jolie Collection de Jades.** — Cristaux de roche et Matières précieuses. — **Chambre chinoise** : Lit, Armoire et Fauteuil en bois laqué, sculpté et doré. — **Armure japonaise complète.** — Beaux Sabres et Poignards japonais. — **Laques** : Coffrets, Services à thé, Tables. — **Bois sculptés** : Groupes, Cadres. — **Objets divers** : Jeux d'échecs, Canons en bronze, Stores, Bonzes en soie brodée, environ 400 Toupies japonaises et 225 Cannes à pêche. Fourrures en astrakan.

DONT LA VENTE AUX ENCHÈRES PUBLIQUES AURA LIEU

HOTEL DROUOT, SALLE N° 5

Le Samedi 11 Décembre 1869

A UNE HEURE ET DEMIE

Par le ministère de Mᵉ **Eugène ESCRIBE**, Commissaire-Priseur, rue de Hanovre, 6,

Assisté de **MM. DHIOS** et **GEORGE**, Experts, rue Le Peletier, 33.

EXPOSITION PUBLIQUE

Le Vendredi 10 Décembre 1869, de une heure à cinq heures.

PARIS — 1869

CONDITIONS DE LA VENTE

Elle sera faite au comptant.

Les Acquéreurs paieront, en sus des adjudications, CINQ POUR CENT.

L'Exposition mettant le public à même de se rendre compte de l'état des Objets, il ne sera admis aucune réclamation une fois l'adjudication prononcée.

DÉSIGNATION

ÉMAUX CLOISONNÉS

1 — Grand Brûle-parfums à panse sphérique, à anses surélevées et reposant sur trois pieds à têtes chimériques. Il est décoré de fleurs, arabesques et branchages en émaux de couleurs sur fond bleu turquoise et d'ornements en relief en bronze ciselé et doré. Le couvercle, surmonté d'une boule, est repercé à jour.

Très-belle pièce; socle en bois de fer. Haut. 60 c.

2 — Deux beaux Vases de forme ovoïde à col long et évasé avec anses à têtes chimériques et anneaux mobiles en bronze doré; riche décor à fleurs et branchages en émaux de diverses nuances sur fond bleu turquoise. Haut. 45 c.

3 — Deux grands et beaux Candélabres chinois en émail cloisonné, de même travail et de même goût de décoration que les vases précédents. Haut. 55 c.

4 — Joli Vase à parfum en émail cloisonné à large rebord, surmonté d'un double couvercle en forme de dôme à ornements en bronze doré et repercé à jour.

5 — Deux Vases en forme de gourde, en émail cloisonné, ornés chacun de huit rosaces, représentant des arbustes et des oiseaux. Haut. 35 c.

6 — **Deux Cassolettes** à parfums, à panse sphérique, en émail cloisonné; couvercle repercé à jour, anses mobiles à têtes chimériques et pieds en forme de trompes d'éléphants. Socles et bois de fer. Haut. 22 c.

7 — **Deux Brûle-parfums** en émail cloisonné, à anses détachées et pieds droits; ils portent des inscriptions chinoises.

8 — **Deux petites Ecuelles** en émail cloisonné, décor d'imbrications et frises d'ornements.

BRONZES

9 — **Deux grands Vases** à col très-évasé en bronze du Japon, anses à papillons; la partie supérieure de la panse, le col et le rebord du vase sont ciselés à ornements variés.

10 — **Fontaine** de forme ovoïde en bronze du Japon; anses à branchages, couvercle surmonté d'une chimère, robinet à tête fantastique.

11 — **Grand Brûle-parfums** en vieux bronze du Japon, formé d'un monstre dragon à la gueule entr'ouverte.

12 — **Vase cylindrique** en ancien bronze chinois; il est orné de huit découpures, sur lesquelles sont adaptées autant de figurines de mandarins; anses à têtes chimériques.

13 — **Petit Brûle-parfums** en bronze chinois, de forme ronde surbaissée; il repose sur trois pieds coniques; anses à têtes d'animaux, couvercle surmonté d'une chimère. Ce vase est en partie doré.

14 — **Beau Vase,** modèle balustre, en vieux bronze du Japon; anses et pieds à trompes d'éléphants; la panse et le col sont décorés d'ornements en relief.

15 — **Autre plus petit,** de forme aplatie, en bronze chinois; anses à trompes d'éléphants; la panse et le col sont ornés de frises de grecques, sur lesquelles sont placés des caractères chinois en relief.

16 — **Coupe ronde** en bronze du Japon niellé d'argent; à l'intérieur, sont représentés des poissons dans l'eau; à l'extérieur, des frises de grecques, d'arabesques et d'ornements entrecroisés.
Travail d'une grande finesse d'exécution.

17 — **Vase.** Anses à trompes d'éléphants; la panse est décorée de caractères chinois en relief, et le col d'une frise à ornements gravés.

18 — **Vase** forme ovoïde en ancien bronze de Chine; la panse est ornée de trois chimères en relief.

19 — **Petit Brûle-parfums** à anses et couvercle repercé à jour et surmonté d'une chimère; il repose sur trois pieds à trompes d'éléphants.

20 — **Vase** en bronze ayant la forme d'un casque supporté par un animal chimérique à tête de dragon et corps d'oiseau.

21 — **Grand Brûle-parfums.** Dragon à la gueule entr'ouverte et se tenant en équilibre sur ses pattes de devant; ancien bronze japonais.

22 — **Deux Vases** à anses en vieux bronze du Japon forme buire à long col; ils sont ornés de ciselures : grecques, imbrications et branchages.

23 — **Eléphant** à tête mobile en vieux bronze du Japon; sur le dos est le cornac soulevant son chapeau.

24 — **Cheval marin** à tête chimérique en bronze du Japon; les écailles du dos sont dorées.

25 — **Tronc d'Arbre** à fleurs grimpantes et sur lequel sont placés trois animaux chimériques courant l'un après l'autre; vieux bronze japonais.

26 — **Divinité japonaise**. Debout sur une tortue, elle a la main droite appuyée sur une cigogne et tient dans la gauche un manuscrit roulé.

27 — **Divinité** assise, en bronze ciselé et doré.

28 — **Autre**.

29 — **Guerrier chinois**.

30 — **Deux Monstres** Dragons en bronze de Chine.

31 — **Rocher** avec habitations chinoises, personnages sur un pont, etc.

32 — **Tour** carrée à double toiture.

33 — **Deux Théières** en bronze du Japon; anse à serpents et couvercle à bouquet de fleurs.

34 — **Deux petites Théières** à panse sphérique, décorées de dragons et ornements en relief; anses à panier mobiles; trois pieds à boules.

35 — **Petit Vase** carré en ancien bronze du Japon; il est orné de cigognes en relief et repose sur quatre pieds à trompes d'éléphants.

36 — **Petite Urne** carrée à long col, en vieux bronze du Japon, entièrement ciselée.

37 — **Vase** forme balustre, à col rétréci, en ancien bronze de Chine ciselé, et décoré de frises superposées, socle en bois de fer.

38 — **Petit Vase** carré à anses et à quatre pieds, bronze du Japon entièrement ciselé; il porte une marque de fabrication.

39 — **Deux petits Brûle-parfums** de forme ronde et plate, décorés de sujets de chasse très-finements gravés et dorés.

40 — **Grand bronze** du Japon niellé d'argent, forme de coupe.

41 — **Quatre petites pièces** : Flacon, écuelle, boîte en bronze niellé.

42 — **Cinq petites Divinités** japonaises en bronze.

43 — **Deux Canons chinois** en bronze avec inscriptions; ils sont posés sur leur affût. Pièces rares.

JADES ET MATIÈRES DURES

44 — **Vase** carré en jade verdâtre, de 21 centimètres de haut, ayant sur les côtés deux dragons sculptés en ronde-bosse. Le rebord du vase et le pied sont ornés de grecques et le milieu d'une frise à demi-perles.

   Très-beau travail. Socle en bois dur incrusté d'argent.

45 — **Jonque chinoise** avec son socle en bois dur, très-finement sculpté.

   Jolie pièce.

46 — **Coupe ovale** à anse formée d'un faisceau de plantes aquatiques; à l'intérieur de cette coupe est un poisson en relief.

47 — **Pot à crème**, de forme carrée, à anse et goulot, orné d'une frise à têtes de clous. Socle en bois dur.

48 — **Coupe oblongue** en forme de feuille, avec anse à feuillages, sculptés à jour.

49 — **Grande Coupe** ronde, de forme basse, en jade vert.

50 — **Vide-poche**, forme bassin, orné à l'extérieur de plantes sculptées en relief et à l'intérieur d'un dragon en ronde-bosse.
　　Jolie pièce.

51 — **Coupe ronde**, autour de laquelle grimpent trois dragons sculptés en ronde-bosse.

52 — **Petite Boîte plate** en jade sculpté, à oiseaux et feuillages. Socle en bois dur, orné de fines incrustations d'argent.

53 — **Petite Coupe** formée de feuilles, entourée de branchages et fleurs, sculptés à jour. Travail très-délicat. Socle en bois sculpté.

54 — **Petit Vase**, modèle baignoire, en jade; anses à trompes d'éléphants et anneaux mobiles pris dans la masse.

55 — **Coupe ronde** avec branchages et fleurs pris dans la masse.

56 — **Jardinière** de forme carrée allongée, avec large rebord. Socle en bois.

57 — **Deux petites Coupes** à anses formées par une tige de feuilles. Socles en bois sculpté.

58 — Poisson entouré de plantes aquatiques. Socle en
bois sculpté.

59 — **Petite Coupe** ovale entourée de fleurs en relief
avec anse détachée.

60 — **Breloque** en jade : panier à anse mobile.

61 — **Plaque** sculptée à jour avec son socle.

62 — **Autre** : Dragon enroulé au milieu de plantes.

63 — **Plaque** : Enfant près d'un arbre.

64 — **Soucoupe**.

65 — **Deux paires de Bracelets** en jade.

66 — **Flacon**, forme bouteille, à panse aplatie, orné de
médaillons à branchages.

67 — **Deux Bols** à couvercles.

68 — **Deux autres**.

69 — **Deux Gobelets** en jade vert foncé.

70 — **Deux Gobelets** en jade.

71 — **Deux Gobelets**, dont un fracturé.

72 — **Cristal de roche**. Tigre accroupi. Matière très-
pure.

73 — **Cristal de roche**. Figurine de bronze.

74 — **Cristal de roche**. Groupe de deux chimères
entrelacées.

75 — **Agate orientale**. Singe assis tenant une bande
à inscription. Socle en bois sculpté.

76 — **Pierre de lard**. Bas-relief représentant un
paysage avec habitations environnées d'arbres.
Socle-support en bois de fer.

77 — **Id**. Des fleurs en relief.

78 — **Id**. Divinité debout sur un monstre marin.

79 — **Pierre de lard**. Vase orné d'arbustes sculptés en relief.

80 — **Marbre blanc**. Tout petit vase à col évasé.

81 — **Collier** en ambre.

82 — **Bracelet** d'améthyste.

83 — **Collier** en coco sculpté.

84 — Petite **Plaque** ovale en lapis-lazuli.

85 — Deux petits **Flacons** à tabac en cristal.

PORCELAINES

86 — **Grand Vase** potiche, décoré de branchages, de fleurs et d'oiseaux en relief.

87 — **Vase** décoré de fleurs et d'oiseaux aquatiques en couleur, sur fond verdâtre.

88 — **Vase**, forme balustre, col rétréci, en porcelaine céladon, marbré-violet.

89 — **Vase** à côtes de couleur vert d'eau et orné autour de la gorge d'une corde avec un nœud.

90 — **Baril** en porcelaine du Japon, frises d'ornement bleus sur fond gris craquelé.

91 — Petit **Vase** cylindrique avec arbuste en relief. Fond jaune.

92 — **Deux Jardinières** en porcelaine. Décor à fleur sur fond verdâtre.

93 — **Deux Chandeliers** en porcelaine. Décor rouge sur fond blanc.

94 — **Coupe vide-poche**, en ancien céladon craquelé avec son socle en bois dur sculpté et découpé à jour.

95 — **Deux Bols** en porcelaine craquelée et décorée de vases, de fleurs, de branchages, etc.

96 — **Deux Bouteilles** en céladon, couleur rouge haricot.

97 — **Une Bouteille** à côtes, en céladon craquelé.

98 — **Petite Bouteille** céladon, couleur bronze, avec socle en bois de fer.

99 — **Vase** de forme ovoïde, en céladon craquelé; anses à têtes chimériques et anneaux mobiles.

100 — **Une Bouteille**, céladon gris craquelé, décoré de bandes bleues horizontales.

101 — Deux **Porte-Bouquets** formés de chiens accroupis portant sur le dos un vase cornet.

102 — **Paire de petits vases** à côtes, forme ovoïde, rebord festonné; nuancés violet.

103 — **Bouteille** à long col, couleur verdâtre marbré.

104 — **Vase sphérique** aplati, à deux petites anses et trois pieds. Fond couleur sang de bœuf.

105 — **Deux Tasses** à anses, en porcelaine de Chine, décorées de paysages en émaux de couleur.

LAQUES — BOIS SCULPTÉS

106 — Chambre chinoise en bois laqué, sculpté et doré, à frises, panneaux, bas-relief à personnages, etc., d'une grande richesse d'ornementation. Elle a figuré au Musée oriental organisé cette année par l'*Union Centrale*, et se compose :

1° D'un LIT CHINOIS avec entrée monumentale à porte et fenêtres ; fond laqué rouge et panneaux sculptés à personnages : sujets familiers ;

2° D'une ARMOIRE à deux vantaux à bas-reliefs représentant des combats de cavaliers.

3° D'un FAUTEUIL en bois, également laqué rouge, sculpté et doré, avec accoudoirs se terminant en têtes chimériques.

106 *bis* — Petite Table en bois noir de Canton, sculpté et découpé à jour, tablette en bois, dessus en marbre.

107 — Service à thé avec tables et accessoires en bois laqué et doré.

108 — Un autre plus petit.

109 — Appareil à thé en bois laqué et ornements d'appliques en étain gravé. Forme chalet.

110 — Coffret, carré-long, en laque rouge de Pékin, à sujets en relief.

111 — Boîte ronde en laque rouge de Pékin.

112 — Autre de forme contournée.

113 — Jolie Boîte de forme plate et contournée en laque noir incrusté de nacre.

114 — Table basse en laque rouge de Pékin.

115 — **Trois Boîtes** à gants.

116 — **Quatre Cadres** chinois en bois de Ning-Po, sculpté et découpé à jour, à personnages, habitations, arbres, dragons, etc. Ils contiennent des peintures sur papier de riz : sujets familiers.

117 — **Grand et curieux groupe** en racine de bois sculpté et découpé à jour, représentant divers épisodes de cérémonie religieuse.

118 — **Coffret** en bois de Ki, carré allongé, à ornements quadrillés. Sur le couvercle sont deux animaux chimériques en relief très-plat.

119 — **Cabinet chinois** en bois de Ki, à portes, tiroirs et étagères.

OBJETS DIVERS

120 — **Armure japonaise** complète en bois laqué garni d'ornements en bronze ciselé et de passementeries de soie de diverses nuances.

Pièce très-rare et très-intéressante par sa forme, sa disposition et la finesse du travail.

121-132 — **Sabres et Poignards japonais.** Douze sabres et poignards de diverses dimensions, avec ornements en bronze ciselé et doré, et à fourreaux en bois laqué, seront divisés sous ce numéro.

133 — **Un Bonze en soie** peinte et brodée, avec ornements en velours.

134-136 — **Trois grandes Fourrures** en astrakan gris seront vendues séparément sous ce numéro.

137 — **Boîte chinoise** en grès, à trois compartiments, ornée de fleurs et branchages en relief; émaillée bleu sur fond jaunâtre.

138-140 — **Trois Jeux d'échecs** chinois en ivoire sculpté seront vendus séparément sous ce numéro.

141 — **Petite Cassolette** en ivoire sculpté à jour.

142 — **Douze figurines** en ivoire sculpté.

143 — **180 Cannes à pêche** du Japon seront vendues par lots.

144 — **894 Toupies** japonaises seront vendues par lots.

145 — Sous ce numéro, **46 Cannes à pêche** seront vendues par lots.

146 — **Deux Écuelles** avec couvercles en écaille.

147 — **Un Encrier chinois** en bois.

148 — **Quatre Stores chinois.**

149 — **Tapis chinois.**

150 — **Deux Chaises** en jonc.

151 — Objets omis.

Renou et Maulde, imprimeurs de la Compagnie des Commissaires-Priseurs, rue de Rivoli, 144.   31505

www.ingramcontent.com/pod-product-compliance
Lightning Source LLC
LaVergne TN
LVHW011025180726
843502LV00007B/2742